Inhalt

AF217729

Barbara Wendelken

OSKAR
der Superdetektiv

Mit Zeichnungen von Susanne Bochem

Hase und Igel®

Für Lehrkräfte gibt es zu diesem Buch
ausführliches Begleitmaterial beim Hase und Igel Verlag.

Sonderausgabe mit Silbenhilfe

© 2005/2017 Hase und Igel Verlag GmbH, München
www.hase-und-igel.de
Druck: Grafisches Centrum Cuno GmbH & Co. KG

ISBN 978-3-86760-234-1
3. Auflage 2024

1. Oskars Mutter verreist

Oskar Nusspickel konnte es kaum er-
warten. In ein paar Minuten gehörte die
Wohnung ihm allein. Seine Mutter wollte
nach Berlin fahren.

5   Tagelang hatte sie versucht, Oskar
zum Mitfahren zu überreden. Aber die
Hochzeit einer ehemaligen Schulfreundin
seiner Mutter interessierte Oskar nicht.
Da war es schon viel aufregender, allein
10 zu bleiben.

Katharina Nusspickel hatte ihrem Sohn eine zweiseitige Liste geschrieben. Das meiste darauf fand Oskar überflüssig. Dass er vor dem Schlafen das Licht

5 löschen sollte, wusste er selbst.

„Ich brauche diese Liste nicht", erklärte er seiner Mutter. „Schließlich bin ich kein Baby mehr."

Katharina Nusspickel sah das ganz

10 anders. „Du bist erst zehn. Viel zu klein, um tagelang allein zu sein. Dass Lothar aber auch gerade jetzt auf Geschäftsreise sein muss."

Oskars Eltern waren nicht verheiratet.

15 Sein Vater, Lothar Rittersberg, wohnte in Hamburg. Eigentlich besuchte Oskar ihn sehr gern. Aber allein sein war noch spannender. Deshalb war er nicht allzu

6

traurig, dass Lothar keine Zeit für ihn
hatte.

„Ach Mama, was soll denn passieren?"

„Die Wohnung könnte abbrennen. Wie
leicht vergisst man, die Herdplatte aus-
zustellen."

„Du hast mir ja Geld gegeben. Morgen
hole ich mir eine Pizza und übermorgen
einen Hamburger. Ich benutze den Herd
nicht, Ehrenwort."

Seine Mutter schien nicht überzeugt.
„Wer weiß, auf was für Ideen du kommst.
Strom ist gefährlich. Ich hab auch schon
mal vergessen, das Bügeleisen auszu-
schalten."

„Mama, ich interessiere mich nicht für
Wäsche. Wozu sollte ich das Bügeleisen
benutzen?"

Katharina Nusspickel seufzte tief. „Ich weiß es auch nicht. Ich habe einfach kein gutes Gefühl, wenn du allein bist. Vielleicht sollte ich gar nicht zu der Hochzeit fahren."

Vor Schreck wurde es Oskar ganz heiß. Er hatte sich doch so auf zweieinhalb mutterfreie Tage gefreut! „Klar fährst du nach Berlin. Es ist ja immerhin deine Freundin."

„Du hast recht. Ich muss da hin." Auf dem Weg zur Tür blieb Katharina Nusspickel stehen. „Mir fällt noch etwas sehr Wichtiges ein. Wenn an diesem Wochenende irgendwo ein Hund verschwindet oder ein Kaninchen entführt wird oder sonst was, dann hältst du dich da raus. Verstanden?" Sie sah Oskar eindringlich

8

an. „Keine Ermittlungen, wenn ich nicht zu Hause bin."

Sie nahm einen Stift und schrieb ganz groß „KEINE ERMITTLUNGEN!!!" unter
5 die Liste.

Dieses Versprechen war leicht einzuhalten. Es gab ja sowieso nichts zu ermitteln. Oskar fand das sehr bedauerlich. Er hätte sich gern mal wieder als
10 Detektiv betätigt. So wie neulich, als er den entführten Hund von Rosalinde Heinicke wiedergefunden hatte.

„Ich bin schon viel zu spät dran."
Oskars Mutter griff hastig nach ihrem
Mantel. Dabei blieb sie mit ihrem
goldenen Armband im Stoff hängen. Es
5 gab ein kaum hörbares Geräusch, dann
fiel das Schmuckstück auf den Boden.

Katharina Nusspickel bückte sich. „So
ein Mist. Der Verschluss ist gebrochen."
Sie legte das kaputte Armband auf den
10 Küchentisch. „Würdest du es bitte gleich
nachher zum Juwelier bringen? Er soll
es reparieren. Jetzt muss ich aber los.
Bis Sonntagabend, mein Schatz."

Und dann machte sie etwas, was
15 Oskar überhaupt nicht leiden konnte: Sie
schmatzte einen Kuss auf seine Wange.

2. Grenzenlose Freiheit

So frei hatte Oskar sich noch nie gefühlt.
Niemand kontrollierte, ob seine Hände
gewaschen waren. Niemand stellte den
Fernsehapparat aus. Niemand schaute
5 auf die Uhr, ob er pünktlich heimkam.
Klar, ganz oben auf dem Zettel stand:
„Sei spätestens um 18.00 Uhr zu Hause."
Aber wie wollte seine Mutter das über-
prüfen? Eine Überwachungskamera hatte
10 sie sicher nicht in der Wohnung eingebaut.

Oskars gelber Geldbeutel lag auf dem Küchentisch. Seine Mutter hatte 30 Euro reingesteckt. Davon sollte er sich etwas zu essen kaufen. Er stopfte den Beutel

5 in die Tasche seiner Jacke. Das Goldarmband landete in der anderen Jackentasche. Er würde es nachher zum Juwelier bringen.

Zuerst fuhr Oskar auf den Skaterplatz.

10 Er suchte Fabio, seinen besten Freund. Jetzt, da er so viel Geld hatte, wollte er Fabio zu einem Eis einladen. Leider war Fabio nicht da. Eine Weile schaute Oskar den Jugendlichen zu. Sie machten auf

15 ihren Skateboards tollkühne Sprünge. Da konnte man glatt neidisch werden.

Als Nächstes radelte Oskar Richtung Innenstadt. Er stellte sein Rad hinter dem

Kaufhaus ab und schlenderte durch die
Straßen. An jedem Schaufenster blieb er
stehen. Schließlich hatte er endlos Zeit.

Im Kaufhaus probierte er aus lauter
⁵ Langeweile alle Skaterschuhe in seiner
Größe an.

„Die stehen dir überhaupt nicht", ertönte
plötzlich eine sehr bekannte Stimme.
Jessica, ein Mädchen aus Oskars Klasse,
¹⁰ schüttelte den Kopf. „Darin siehst du aus,
als ob du Elefantenfüße hättest."

„Na und." Ärgerlich stellte Oskar die
Schuhe ins Regal zurück. Auf Jessicas

13

Meinung konnte er gut verzichten. Sie war nämlich eine schreckliche Besserwisserin. Albern war sie auch. Bei jeder Gelegenheit kicherte sie mit ihrer Freundin Marina um die Wette.

Eigentlich hätte Oskar das egal sein können. Mit Mädchen gab er sich gewöhnlich nicht ab.

In letzter Zeit allerdings hatte er häufiger mit Jessica und Marina zu tun gehabt. Die beiden drängelten sich geradezu in sein Leben. Ständig wollten sie ihm bei seiner Arbeit als Detektiv helfen. Als ob Oskar Hilfe nötig hätte.

Nee, am liebsten arbeitete Oskar mit seinem Freund Fabio zusammen. Dabei legte er großen Wert darauf, dass er der eigentliche Detektiv war. Fabio half ihm

14

nur. Und Jessica und Marina waren noch
unwichtiger. Im Grunde störten sie sogar.
Aber das konnte man ihnen nicht klar-
machen. Sobald es was zu ermitteln gab,
5 hingen sie wie Kletten an Oskar. Man
wurde sie einfach nicht los.

   Zum Glück hatte Jessica keine Zeit
mehr. Sie musste pünktlich zum Abendessen zu Hause sein. Da hatte Oskar es
10 besser. Er konnte so lange in der Stadt
bleiben, wie er Lust hatte.

15

3. Ein Hamburger und eine Cola

Er verließ das Kaufhaus und steuerte den
nächsten Imbiss an. Mit so viel Geld in
der Tasche konnte man sich schon eine
ordentliche Mahlzeit leisten. Oskar entschied sich für einen Hamburger und eine
große Cola.

  Während die Frau den Hamburger zu-
bereitete, zählte er sein Geld. Es waren
genau 30 Euro: zwei Zehner und zwei
Fünfer. Er konnte sich nicht erinnern,

jemals so viel Geld zur freien Verfügung
gehabt zu haben.

Jemand sagte laut: *„Hey, hast du ge-*
sehen, wie viel Geld der mit sich rum-
5 *schleppt?"*

Oskar drehte sich um. Hinter ihm stand
ein Junge, den er noch nie gesehen hatte.
Er war etwa genauso alt wie Oskar, nur
etwas größer. Sein Haar war blond und
10 er trug eine verspiegelte Sonnenbrille.
Er starrte auf die Euroscheine in Oskars
Hand.

Rasch legte Oskar das Geld für den
Hamburger auf den Tresen. Dann ver-
staute er den Geldbeutel wieder in seiner
Jackentasche.

5 Er setzte sich an einen freien Tisch.
Die Jacke hängte er über die Stuhllehne.
Dann krempelte er die Ärmel seines
Pullovers hoch. Hamburger essen war
eine Kunst. Man musste sehr aufpassen,
10 um sich nicht mit Ketchup zu bekleckern.

Der Blonde bestellte zweimal Pommes
mit Mayonnaise. Er war nämlich nicht
allein. Neben ihm stand ein rothaariges
Mädchen. Sie war einen Kopf kleiner und
15 trug eine himmelblaue Windjacke. Die
beiden setzten sich an den Nebentisch.

Gerade als Oskar in den Hamburger
biss, beugte der andere Junge sich vor

18

und griff nach Oskars Jacke. Er zog sie einfach über.

„Guck mal, Ilona", sagte er zu dem Mädchen. „Steht mir das?" Den beiden
5 machte es wohl Spaß, andere Leute zu ärgern.

Wütend ließ Oskar den Hamburger zurück auf den Teller plumpsen. Sagen konnte er leider nichts, weil sein Mund
10 mehr als voll war. Also schluckte er so schnell wie möglich und wischte gleichzeitig seine Ketchupfinger an der Serviette ab. Dann sprang er auf und entriss dem anderen Jungen seine Jacke. „Was soll
15 der Quatsch?"

Der andere grinste. „War ein Scherz. Schon gut. Ich wollte nur mal wissen, ob mir eine schwarze Jacke steht."

19

„Dann kauf dir eine", brummte Oskar.
Mit finsterer Miene legte er die Jacke über
seine Knie. Dort konnte der andere sie
nicht mehr erreichen.

5 Dann widmete er sich wieder seinem
Hamburger.

Hinter ihm wurden Stühle geschoben.
Der blonde Junge und das rothaarige
Mädchen gingen. Ihre Pommes hatten

anscheinend nicht geschmeckt. Sie hatten
mehr als die Hälfte übrig gelassen.

Oskar war froh, dass die beiden fort
waren. So brauchte er nicht länger seine
5 Jacke zu bewachen. Er gab sich alle
Mühe, nicht zu kleckern. Dennoch
landeten ein paar Spritzer Soße auf
seinem Pulli. Na, seine Mutter würde sich
freuen. Angeblich ließ Ketchup sich ja
10 nicht rauswaschen.

Als Oskar den Imbiss verließ, war es
schon nach acht. Vor dem Brunnen auf
dem Marktplatz machten zwei junge Leute
Musik. Der Mann spielte Geige und die
15 Frau Flöte. Es hörte sich sehr schön an.
Oskar setzte sich auf den Brunnenrand
und hörte zu.

21

Einige Leute warfen Geldstücke in den leeren Geigenkasten. Oskar beschloss, ebenfalls 50 Cent für die schöne Musik zu opfern. Er griff in seine Jackentasche.

5 Der Geldbeutel war nicht da. Er fasste in die andere Tasche. Aber die war auch leer. Das Geld war verschwunden!

22

4. Wo ist der Geldbeutel?

Er musste seinen Geldbeutel verloren
haben. Mit wenigen Sätzen hastete
Oskar zurück in den Imbiss. Sein Tisch
war immer noch frei. Er bückte sich und
5 schaute auf den Boden. Aber da lag
nichts.

    Mit zittrigen Knien wankte Oskar zum
Tresen. *„Entschuldigung, hat hier jemand
einen gelben Geldbeutel abgegeben? Mit*
10 *24 Euro drin?"*

23

Die Frau schüttelte den Kopf. *„Nee, tut mir leid."* Sie hob den Drahtkorb aus der Fritteuse, schüttelte ihn und ließ die Pommes durch die Luft fliegen. Oskars
5 Problem schien sie nicht zu interessieren.

Wenn sein Geldbeutel nicht im Imbiss lag, hatte er ihn vielleicht auf dem Weg zum Marktplatz verloren. Mit gesenktem Kopf ging Oskar zum Brunnen zurück.
10 Er entdeckte vier Zigarettenkippen und ein verknülltes Papiertaschentuch, aber keinen gelben Geldbeutel. Er schaute überall nach, sogar im Brunnen. Aber da schwamm sein Geld auch nicht.
15 Oh Mann, da hatte man einmal im Leben so viel Geld zur freien Verfügung. Und schon war es wieder verschwunden! Traurig machte er sich auf den Heimweg.

24

Gerade als er die Wohnungstür auf-
schloss, klingelte das Telefon. Die Uhr
zeigte Viertel vor neun. Seine Mutter war
dran. Sie war schrecklich wütend. *„Wo*
⁵ *warst du die ganze Zeit?"*

Die Wahrheit konnte Oskar nicht sagen.
Seine Mutter durfte ja nicht wissen, dass
er so spät noch unterwegs gewesen war.

„Hier", schwindelte er deshalb. *„Ich bin*
¹⁰ *vor dem Fernsehapparat eingeschlafen."*

„Das glaubst du wohl selbst nicht."

„Ich hatte Kopfschmerzen. Den ganzen Tag schon. Ich wollte es dir nicht erzählen, weil du dann bestimmt nicht weggefahren wärst." Nur gut, dass Oskar so viel

5 Fantasie besaß. So richtig gelogen hatte er ja auch nicht. Vor lauter Sucherei brummte ihm tatsächlich der Schädel.

Gleich war seine Mutter besorgt. „Du bist krank? Hast du Fieber? Soll ich

10 morgen mit dem ersten Zug zurückkommen?"

Bloß das nicht! „Nee", sagte Oskar schnell. „Es ist ja schon viel besser. Vielleicht war ich nur unausgeschlafen.

15 Ich geh jetzt ins Bett."

„Ruf mich gleich morgen früh an", verlangte seine Mutter. „Und wenn es nicht besser ist, komme ich zurück."

Oskar versprach es. Dann legte er auf.
Sein Herz trommelte wie wild. Gerade
war ihm nämlich etwas Schreckliches
eingefallen. Nicht nur das Geld war ver-
₅ schwunden. Nein, es fehlte ja auch das
Armband seiner Mutter!

Und dass zwei Sachen gleichzeitig aus
zwei Jackentaschen fielen, war höchst
unwahrscheinlich. So wie es aussah,
₁₀ hatte man ihn bestohlen.

Er setzte sich auf die Couch. In seinem
Kopf ging es drunter und drüber. Denk

nach, ermahnte er sich selbst. Wozu bist
du Detektiv?

Zuletzt hatte er das Geld im Imbiss
gehabt. Er hatte den Hamburger bezahlt,
5 den Geldbeutel in die Jackentasche ge-
steckt, sich an den freien Tisch gesetzt
und die Jacke über die Lehne gehängt.

Der blonde Junge und das Mädchen
fielen ihm ein. Die beiden hatten seine
10 Jacke von der Stuhllehne genommen.
Und dann waren sie sehr plötzlich verschwunden. Sie hatten nicht einmal aufgegessen. Die beiden mussten die Täter
sein!

15 Der Junge war blond, das Mädchen
rothaarig. Einmal hatte der Junge ihren
Namen genannt. Wie hieß das Mädchen?
Mist, der Name fiel ihm nicht ein.

28

Was für ein schrecklicher Tag! Wie
konnte ihm nur so etwas passieren?
Warum hatte er nicht besser aufgepasst?

Das Armband seiner Mutter war ein
5 Familienerbstück. Sie hatte es zur
Konfirmation von ihrer Mutter bekommen.
Und die hatte es ebenfalls zur Kon-
firmation von ihrer Mutter bekommen.
Es war unersetzlich.

10 Er musste es bis Sonntagabend wieder-
beschaffen!

5. Ein neuer Fall

Lauter Vogelgesang weckte Oskar. Für
einen Moment hatte er wunderbare Laune.
Dann fiel ihm sein gestriges Erlebnis ein.
Ein schwarzer Schatten fiel über den Tag.
5   Oskar griff zum Telefon. Zuerst wollte er
seine Mutter anrufen. Die Nummer stand
auf der zweiseitigen Liste, die sie ihm
geschrieben hatte. Und auf der Liste
stand noch mehr, zum Beispiel: „KEINE
10 ERMITTLUNGEN!!!"

30

Aber daran konnte Oskar sich unmöglich halten. Ohne Ermittlungen würde er
das Armband nie wiederfinden.

Welch ein Glück, dass seine Mutter
keine Zeit zum Telefonieren hatte. In zwei
Stunden war die kirchliche Trauung. Und
sie musste sich noch anziehen, frisieren
und schminken. Sie war erleichtert, dass
Oskar sich nicht mehr krank fühlte.

Als Nächstes rief er bei Fabio an. Sein
Freund lag noch im Bett. *„Würden Sie
ihn bitte wecken?",* bat er Fabios Mutter.

*„Auf deine Verantwortung. Er ist be-
stimmt böse, wenn er an einem schul-
freien Tag um acht aufstehen soll."*

Sie hatte recht: Fabio war böse, und
wie. *„Geht deine Uhr falsch? Ich hätte
noch gut zwei Stunden schlafen können!"*

31

„Dafür ist keine Zeit. Ich brauche dich. Wir haben einen neuen Fall. Es ist sehr eilig. Du musst sofort zu mir kommen."

„Und was ist mit frühstücken? Ich habe
5 Hunger!"

Fabio Andreotti hatte immer Hunger. Egal ob er gerade gegessen hatte oder nicht. Er aß rund um die Uhr und nahm dabei kein Gramm zu. Wo er die vielen
10 Kalorien ließ, war absolut schleierhaft.

Fabio kam um halb zehn. Oskar schilderte mit wenigen Worten, was am Vorabend passiert war. „Ich muss das Armband zurückhaben, bevor meine
15 Mutter was merkt. Also bis morgen Abend."

„Bis morgen Abend?" Fabio lachte ungläubig. „Wie soll das denn funktionieren?

32

Zwei Tage nur, da müssten wir ja unsere ganze Klasse um Hilfe bitten. – Ach was", verbesserte er sich, *„unsere ganze Schule."*

5 Oskar seufzte. *„Du hast recht. Allein werden wir das nicht schaffen. Ich fürchte, wir müssen Jessica und Marina anrufen. Würdest du das machen?"*

„Ich? Wieso immer ich? Du brauchst doch ihre Hilfe."
10

„Ja, schon. Aber ich kann unterdessen aufschreiben, was ich über die Täter weiß. Das spart Zeit. Bitte." Oskar hielt seinem Freund das Telefon hin.

15 Das mit dem Aufschreiben war leichter gesagt als getan. Eigentlich wusste Oskar nur, dass es zwei Kinder gewesen waren, ein Junge und ein Mädchen. Sie waren

33

ungefähr so alt wie er selbst. Der blonde Junge trug eine verspiegelte Sonnen-brille.

Plötzlich fiel Oskar der Name des
5 Mädchens wieder ein: Ilona. Genau, der Junge hatte sie Ilona genannt. Er klopfte sich selbst auf die Schulter. Sein Gehirn funktionierte noch einwandfrei. So, wie es sich für einen Detektiv gehörte.

10 Fabio legte das Telefon zur Seite. *„Marina holt Jessica ab. Sie sind in spätestens einer Stunde hier. Habt ihr was Ordentliches zu essen im Haus? Ich habe Hunger."*

34

„Hä? Du hast doch gerade erst gefrüh-
stückt."

„Aber nicht in Ruhe. Das war nur eine
Notmahlzeit. Jetzt will ich richtig essen.
5 Also, was ist? Gibt es frische Brötchen?
Erdbeermarmelade? Ein gekochtes Ei?"

„Ich kann Brötchen vom Bäcker holen",
schlug Oskar vor. Aber dann fiel ihm ein,
dass man ihm seine restlichen 24 Euro
10 gestohlen hatte. „Nee, kann ich doch
nicht. Die haben ja mein ganzes Geld."
Er öffnete den Kühlschrank. „Da ist noch
Schwarzbrot. Und Käse."

Fabio war damit zufrieden. Er mochte
15 eigentlich alles.

Als Jessica und Marina eintrafen, war
Fabio gerade mit Geschirrspülen fertig.
Oskar hatte ihm nicht geholfen. Er musste

schließlich das Tatgeschehen schriftlich festhalten, bevor er wichtige Einzelheiten vergaß.

Fabio öffnete die Wohnungstür. *„Wir* ⁵ *haben einen neuen Fall. Und diesmal ist es brandeilig. Oskar hat alles aufge- schrieben. Zeig ihnen den Zettel."*

Die beiden Mädchen warfen einen Blick darauf. Dann sagte Jessica: *„Da steht* ¹⁰ *‚Ilona'. Sonst nichts. Damit können wir nichts anfangen."*

„Wie bitte?" Ärgerlich riss Fabio ihnen
den Zettel aus den Händen. „Du brauchst
eine Stunde für ein Wort?", schimpfte er.
„Und lässt mich ganz allein den Abwasch
5   machen?"

Oskar verstand die Aufregung nicht. „Du
hast ja auch allein gegessen. Außerdem
wollte ich viel mehr schreiben. Mir ist bloß
nichts eingefallen. Diese Ilona ist jeden-
10 falls wichtig. Wir müssen sie finden. Sie
weiß, wo das Armband meiner Mutter
jetzt ist. Sie hat rote Haare und trägt eine
hellblaue Jacke." Und dann erzählte er
Jessica und Marina, was vorgefallen war.

15   „Das kommt davon, wenn man nicht
auf seine Mutter hört", sagte Jessica alt-
klug. „Wenn du um sechs zu Hause
gewesen wärst, wäre das alles gar nicht

37

passiert. Ich möchte nicht in deiner Haut stecken."

Oskar verzog unwillig das Gesicht. „Weißt du was? Ich möchte auch nicht in meiner Haut stecken."

„Am besten erzählst du deiner Mutter die Wahrheit." Das kam von Marina. „Ehrlich währt am längsten. Sagt meine Oma immer."

Das war es, was Oskar an den Mädchen so störte: Ständig wussten sie alles besser. Und sie nervten mit ihren guten Ratschlägen. Ehrlich währt am längsten, pah!

6. Erste Ermittlungen

Die vier Kinder beschlossen, mit den
Fahrrädern in die Innenstadt zu fahren.
Sie wollten Ausschau nach den beiden
Dieben halten. Trennen konnten sie sich
5 dabei nicht. Nur Oskar wusste, wie die
Täter aussahen, und seine Beschreibung
war mehr als dürftig. Verspiegelte
Sonnenbrille und blond, das traf auf viele
Jungen zu. Und rothaarige Mädchen
10 waren ja auch keine Seltenheit.

39

„Zuerst gehen wir in den Imbiss",
ordnete Oskar an. „Vielleicht kennt die
Frau die beiden. Ist doch gut möglich,
dass sie Stammkunden sind. Dann
5 brauchen wir nicht weiterzusuchen."

Fabio nickte. „Genau. Wenn wir die
Adresse haben, gehen wir einfach hin.
Wir klingeln an der Haustür und ver-
langen das Geld und das Armband."

10 „Ich wette, die leugnen alles. Hast du
irgendwelche Beweise?", wollte Marina
wissen. „Hast du gesehen, dass sie was
aus deiner Jacke genommen haben?"

„Natürlich nicht", fauchte Oskar.
15 „Glaubst du, ich hätte sie so einfach mit
meinen Sachen weggehen lassen? Aber
sonst kommt niemand infrage. Sie haben
neben mir gesessen. Und der Junge hat

meine Jacke angezogen. Vermutlich hat
er dabei in die Taschen gefasst. Jeden-
falls sind sie danach gleich gegangen.
Sie haben nicht einmal aufgegessen."

5   Die Mädchen wechselten einen kurzen
Blick. Dann sagte Jessica: *„Stimmt, ver-*
dächtig haben sie sich schon benommen.
Aber reicht das als Beweis?"

   „Klar", sagte Oskar trotzig. Sicher war
10 er sich allerdings nicht.

Im Imbiss war keine Kundschaft. Die Frau
putzte die Tische. Oskar fragte, ob sie
sich an die beiden Kinder erinnern würde.
„Sie waren gestern Abend hier. Der Junge
15 *ist einen halben Kopf größer als ich und*
blond. Den Namen weiß ich leider nicht.
Aber das Mädchen heißt Ilona."

41

Die Frau schüttelte den Kopf. „Nöö."

„Es ist sehr wichtig", sagte Oskar verzweifelt. „Sie müssen doch wissen, wer
hier zum Essen kommt."

5   „Ich schau mir meine Kundschaft nicht
näher an." Die Frau putzte in aller Seelen-
ruhe weiter. „Dazu hab ich gar keine Zeit.
Was meinst du, wie viele Kinder täglich
herkommen. Warst du schon mal hier?"

10   Oskar nickte. „Ja, gestern Abend. Ich
hatte einen Hamburger und eine große
Cola."

„Das bestellen die meisten. Unsere
Hamburger sind beliebt."

„Später habe ich noch gefragt, ob jemand einen gelben Geldbeutel abge-geben hat. Erinnern Sie sich nicht?"

Die Frau hielt einen Moment inne.

5 „Doch. Da hat jemand nach einem Geld-beutel gefragt. Du warst das? Ich hätte dich nicht wiedererkannt. Tut mir leid, Kleiner, ich kann dir nicht helfen."

Da war wohl nichts zu machen.

10 „Und jetzt?", fragte Fabio. „Wollen wir nicht zur Polizei gehen? Vielleicht sind die beiden dort bekannt. Das haben die bestimmt nicht zum ersten Mal gemacht."

Das hörte sich gut an. Die Sache hatte 15 nur zwei Haken: Wenn Oskar zur Polizei ging, erfuhr seine Mutter die ganze Geschichte. Außerdem konnte er ja über-

43

haupt nichts beweisen. Da hatte Marina leider recht.

Er wusste nur, dass die beiden seine Jacke vom Stuhl gezogen hatten. Und dass hinterher sein Geld und das Armband seiner Mutter fehlten.

„Wir setzen uns auf den Brunnen am Marktplatz und gucken, ob sie zufällig vorbeikommen." Mehr fiel Oskar nicht ein. Und er wusste selbst, dass sein Vorschlag nicht sonderlich viel Erfolg versprach. Die anderen hatten allerdings auch keine bessere Idee.

„Kann es sein, dass die beiden bei uns zur Schule gehen?", wollte Marina nach einiger Zeit wissen.

Oskar schüttelte entschieden den Kopf. *„Nöö. Ich hab die noch nie gesehen."*

Marina überlegte kurz. „Okay. Im Mai sind nirgends Ferien. Also kommen sie wahrscheinlich nicht von auswärts. Sie sind ungefähr so alt wie wir. Aber sie
5 gehen nicht bei uns zur Schule."

„Klar, sie müssen die Grundschule am Hirtenweg besuchen", fiel Oskar ein. „Das ist die einzige Möglichkeit."

Jetzt übernahm Jessica das Wort.
10 „Ich kann meine Cousine Katja anrufen.

Sie geht auf die Schule am Hirtenweg.
Vielleicht kennt sie eine Ilona. Ilona ist
doch ein seltener Name, oder?"

Das war immerhin eine Chance.

5 „Ihr wartet hier, ob die beiden doch noch
vorbeikommen. Marina und ich fahren
nach Hause. Ich telefoniere mit meiner
Cousine Katja. Anschließend muss ich
zu Mittag essen. Um halb drei sind wir
10 zurück, okay?"

Nein, wollte Oskar sagen. Das ist nicht
okay. Halb drei ist viel zu spät. Wir haben
doch nur zwei Tage Zeit. Aber da hatten
die Mädchen sich schon umgedreht.

7. Die falsche Ilona

Jessicas Cousine kannte tatsächlich eine Ilona. „Sie wohnt im Gärtnerweg 17 und heißt Ilona Matzke. Katja meint, dass sie ganz nett ist. Wenn wir ihr die ganze Geschichte erzählen, rückt sie Geld und Armband bestimmt wieder raus."

„Nett?" Oskar tippte sich mit dem Finger gegen die Stirn. „Dass ich nicht lache. Warum sollte ein nettes Mädchen andere Leute beklauen?"

47

Nun, Jessica fand das gar nicht so unlogisch. *„Vermutlich ist sie in den Blonden verknallt. Er hat Oskar bestohlen. Sie hat nur zugeschaut. Aber weil sie*
5 *verliebt ist, will sie ihn nicht verraten. Liebe macht blind, das weiß jeder. Wir werden ihr die Augen öffnen. Vielleicht kapiert sie jetzt, dass dieser Sonnen-brillen-Heini nicht der Richtige ist."*

10 Jessica konnte wirklich schöne Geschichten erfinden.

„Du solltest Bücher schreiben", schlug Oskar vor. *„Also los, auf zum Gärtnerweg Nummer 17."*

15 Wenig später klingelte Oskar an der Tür.
Ein Mädchen öffnete. Sie trug sehr alberne Hausschuhe. Ihre Füße sahen aus wie zwei rosa Katzen. *„Ja?"*

48

„Wir suchen Ilona", sagte Marina. „Mit der müssen wir etwas besprechen. Es ist geheim."

„Ich bin Ilona. Was wollt ihr von mir?"

Das Mädchen war ziemlich klein, ein bisschen mollig und schwarzhaarig. Vielleicht besaß sie sogar einen himmel-blauen Anorak. Aber sie war die falsche Ilona. Sie hatte Oskar nicht bestohlen.

Ilona mit den Katzenschuhen unter-
brach seine Gedanken. *„Und? Was ist
jetzt so geheimnisvoll?"*

Marina gab Oskar einen Schubs. *„Sag*
5 *schon"*, zischte sie.

Das war leichter gesagt als getan. Oskar
holte tief Luft. *„Ich suche eine Ilona. Sie
ist ungefähr so alt wie du. Aber sie hat
rote Haare."*

10 *„Und was hat das mit mir zu tun?"*

„Nichts", gab Oskar zu. *„Ich dachte, du
wärst die richtige Ilona. Aber du bist leider
die falsche. – Nee"*, verbesserte er sich
schnell. *„Nicht leider. Die richtige ist eine*
15 *Diebin. Sie oder ihr Freund, das wissen
wir noch nicht so genau. Auf jeden Fall
haben die beiden Geld und ein Armband
meiner Mutter gestohlen. Und wenn ich*

50

das Armband nicht bis spätestens morgen
Abend wiederhabe, kriege ich den Ärger
meines Lebens."

„Ach so." Ilona zog ein Hustenbonbon
aus ihrer Hosentasche. Sie wickelte es
umständlich aus und steckte es in ihren
Mund. „Ich hab zwei Nachrichten für dich,
eine gute und eine schlechte. Welche
willst du zuerst hören?"

Von schlechten Nachrichten hatte Oskar
die Nase voll. „Die gute!"

„Ich glaube, ich kenne diese Ilona. Hat
sie rote Haare?"

Oskar nickte.

„Ist sie ziemlich dünn? Trägt sie eine
hellblaue Windjacke?"

Oskar nickte und nickte. „Du kennst sie?
Dann ist ja alles klar!"

Die falsche Ilona ließ das Hustenbonbon von der rechten in die linke Wange wandern. *„Jetzt kommt die schlechte Nachricht: Der Junge ist wahrscheinlich ihr*
5 *Bruder Stefan. Ist er blond? Trägt er eine Sonnenbrille?"*

„Eine verspiegelte Sonnenbrille", bestätigte Oskar.

Die falsche Ilona machte ein bekümmertes Gesicht. *„Das ist er."* Das
10 Hustenbonbon wanderte wieder auf die andere Seite. *„Wenn der das Armband hat, kriegst du es nicht zurück. Ilona ist ja ganz nett, aber ihr Bruder …"* Sie verdrehte die Augen. *„Das klappt nie."*
15

„Es muss klappen. Das Armband stammt noch von meiner Uroma. Es ist unersetzlich. Ich muss es einfach zurück-

52

bringen, bevor meine Mutter was merkt."
Oskar sah die anderen verzweifelt an.

Fabio legte beruhigend seine Hand auf
Oskars Schulter. „Klar. Du kriegst es
5 zurück. Und ich helfe dir dabei."
    Zu Oskars großer Überraschung er-
klärten auch Jessica und Marina, dass
sie ihn nicht im Stich lassen würden.

53

8. Oskar gibt nicht auf

Die falsche Ilona war immerhin bereit, die vier Kinder mit Informationen zu versorgen. Sie führte Oskar und seine Freunde in ihr Zimmer. Dann holte sie Saft und eine
5 große Schüssel mit Keksen.

Sie erzählte: „Ilona ist zehn, so wie ich. Sie geht in meine Klasse. Stefan ist ein Jahr älter. Die beiden wohnen mit ihren Eltern und drei kleineren Geschwistern in
10 den Blöcken an der Wernerstraße. Mit

Nachnamen heißen sie Möbius. Mehr
weiß ich nicht. Was wollt ihr jetzt tun?"

Jessica meldete sich. Sie hob ihren
Finger, wie in der Schule. „Wir klingeln
⁵ bei denen. Und dann sagen wir, wenn sie
das Geld und das Armband nicht freiwillig
zurückgeben, reden wir mit ihren Eltern."

„Klingt gut", fand Oskar.

Die falsche Ilona schüttelte den Kopf.
¹⁰ „Das ist keine gute Idee. Mit dem Vater
ist nicht gut Kirschen essen. Der war mal
mit auf unserem Schulfest. Da hat er
wegen jeder Kleinigkeit rumgebrüllt.
Wenn ihr behauptet, dass seine Kinder
¹⁵ Diebe sind, wird der bestimmt wütend.
Ihr müsst eure Eltern hinschicken."

„Unmöglich", seufzte Oskar. „Meine
Mutter darf nichts von der Sache wissen."

Fabio starrte auf Ilonas rosa Katzen-
schuhe. Ilona wackelte mit den Zehen.
Es sah aus, als wären die Plüschkatzen
lebendig. Das brachte ihn auf eine Idee.

5 *„Haben die zufällig ein Haustier? Das*
könnten wir als Geisel nehmen. Wir
geben es erst zurück, wenn sie das
Armband rausrücken."

Ein Kopfschütteln war die Antwort. *„Die*
10 *haben kein Tier."*

„Wir könnten in die Wohnung einbrechen
und das Armband suchen." Oskar wusste
natürlich selbst, dass sein Vorschlag sich
nicht durchführen ließ. Deshalb sagte er
15 schnell: *„War ein Witz. – Vielleicht können*
wir die kleinen Geschwister entführen."

Marina sah ihn böse an. *„Falls du ernst-*
haft überlegst, etwas Verbotenes zu tun,

56

bist du auch nicht besser als die beiden.
Und ich mache nicht mehr mit."

„Wir machen nicht mehr mit", verbesserte Jessica ihre beste Freundin. Die
5 beiden waren nämlich stets einer Meinung.
„Was können die kleinen Geschwister
dafür?"

Gut, wenn es um kleine Kinder oder
Pferde ging, war Jessica nicht zurech-
10 nungsfähig. Das wusste Oskar längst.
Aber die Mädchen hatten schon recht.

„War ja nur so ein Gedanke", wiegelte er ab. „Ich entführe bestimmt niemanden."

„Stell dir vor, die haben das Armband gar nicht mehr", sagte Fabio nachdenklich.

5 „Vielleicht haben sie es schon verkauft."

Oskar hielt sich die Ohren zu. „Sei bloß still. So etwas will ich nicht hören."

Die vier Detektive bedankten und verabschiedeten sich.

9. Wer ist hier der Boss?

Bis zur Wernerstraße war es nicht sonderlich weit. Dort reihte sich ein Wohnblock
an den nächsten. Leider wussten sie die
Hausnummer nicht.

5 „Wir teilen uns auf. Fabio und ich über-
nehmen die rechte Straßenseite, ihr die
linke", entschied Oskar. „Wir suchen eine
Familie Möbius. Ich kann nur hoffen, dass
der Name auf einem der Klingelschilder
10 steht."

59

Das Glück ließ sich ein wenig Zeit. Erst am allerletzten Block auf ihrer Straßenseite entdeckten Oskar und Fabio den Namen Möbius. Das heißt, Fabio entdeckte den Namen. Oskar hatte ihn vor lauter Aufregung überlesen.

Ilona und Stefan Möbius wohnten also in der Wernerstraße 19, und zwar im dritten Stock.

60

An der Wohnungstür drückte Oskar auf den Klingelknopf. Ein kleines Mädchen öffnete. *„Was ist?"*

„Wir wollen zu Ilona. Ist das deine
5 *Schwester?"*

„Ja. Die ist nicht hier. Tschüss." Die Kleine schlug die Tür einfach zu.

Aber so leicht ließ ein Oskar Nusspickel sich nicht abwimmeln. Er klingelte wieder.

10 Die Tür wurde unsanft aufgerissen. *„Was?"*

„Wann kommt deine Schwester zurück? Es ist wichtig."

„Morgen. Die ist bei meiner Oma. Und
15 *wo die wohnt, sag ich euch nicht. Und jetzt auf Wiedersehen!"*

„Wann morgen?", rief Oskar, aber da war die Tür schon geschlossen. Sie hörten

in der Wohnung eine laute, wütende Männerstimme.

„*Der Vater*", flüsterte Marina erschrocken. „*Lasst uns abhauen.*" So schnell wie möglich rannten sie die Treppe runter.

„*Warum hast du nicht nach Stefan gefragt?*", keuchte Jessica.

Oskar schnappte nach Luft. „*Hast du nicht zugehört? Wir müssen mit Ilona reden. Die soll ganz nett sein. Ihr Bruder aber nicht.*"

„*Wenn sie nicht da ist, können wir nichts machen.*" Marina hakte ihre Freundin Jessica unter. „*Wir hauen ab, Leute. Wir können uns ja morgen treffen. Aber erst nachmittags, vorher kann ich nicht.*"

„*Was ist das denn für eine Einstellung?*", schimpfte Oskar. „*Wir bearbeiten einen*

Fall. Da sind alle anderen Dinge un-
wichtig. Wir treffen uns um zehn Uhr
morgens genau an dieser Stelle."

Angriffslustig stemmte Jessica ihre Arme

5 in die Seiten. *„So weit kommt es noch,*

dass du uns Befehle erteilst. Eines möchte

ich mal klarstellen: Hättest du auf deine

Mutter gehört, würde es diesen Fall gar

nicht geben. Außerdem kannst du froh

10 *sein, dass ich dir die Adresse dieser*

Ilona besorgt habe. Sonst würdest du

wohl immer noch auf dem Brunnenrand hocken und darauf warten, dass die beiden vorbeikommen."

„Genau." Marina teilte wie üblich ihre

5 Meinung. „Wir gehen jetzt. Bis morgen Nachmittag um halb drei, du Super- detektiv. Überleg dir schon mal, was du sagen willst. Schreib es am besten auf."

„Aber schreib nicht wieder nur ein Wort."

10 Marina und Jessica brachen in albernes Gelächter aus.

Sprachlos sah Oskar den beiden hinter- her. Was war denn in die gefahren? Sonst rissen sie sich doch immer darum, ihm bei

15 seinen Ermittlungen zu helfen.

Er stieß Fabio an. „Spinnen die viel- leicht? Einer kann nur der Boss sein. Und der bin nun einmal ich. Bei der

Polizei gibt es auch nur einen Haupt-
kommissar."

Fabio zuckte mit den Schultern. „Wenn
die Mädchen nicht bestimmen wollen,
5   dann du. Ich frage mich, wann ich mal
was bestimmen darf."

„Jetzt", schlug Oskar vor. „Was wollen
wir beide bis zum Abendessen machen?"

„Nichts. Jessica hat ganz recht. Wenn
10 wir Ilona und Stefan zufällig in der Stadt
sehen, nützt dir das gar nichts. Ich fahre
auch heim. Bis morgen."

„Um halb zehn. Wenn die faulen Weiber
nicht mitkommen, reden wir allein mit
15 Ilona."

„Dann muss ich ja schon wieder so
früh aufstehen." Begeistert wirkte Fabio
nicht.

„Allerdings. Also morgen früh um halb zehn."

Zu Hause aß Oskar ein Käsebrot. Es musste das zehnte oder zwölfte an diesem Wochenende sein. Nach der Rückkehr seiner Mutter würde er nie wieder Schwarzbrot mit Käse essen.

Um 18.00 Uhr klingelte das Telefon. Seine Mutter war dran, wer sonst. Sie wollte wissen, ob alles in Ordnung war. „Machst du auch keinen Blödsinn? Du spielst doch nicht wieder Detektiv?"

Oh Mann, woher wusste sie das schon wieder? „Nein. Hab ich dir doch versprochen. Hier ist alles bestens", schwindelte Oskar.

10. Ein erfolgloses Gespräch

Um halb drei trafen sich die vier Detektive vor dem Wohnblock in der Wernerstraße.

„Ich dachte, ihr wolltet schon heute früh hier sein?", fragte Jessica spitz.

5 „Waren wir ja auch. Aber Ilona war noch nicht da. Sie hat bei der Oma geschlafen", brummte Oskar unfreundlich.

„Hört auf zu zanken", sagte Marina streng. „Ich hab mir was überlegt. Am
10 besten versuchst du es mit der Wahrheit.

Du erzählst dieser Ilona die ganze Geschichte. Natürlich musst du freundlich
bleiben. Mit ein bisschen Glück gibt sie
das Armband freiwillig zurück."

5 „Danke für deine wertvollen Ratschläge",
meckerte Oskar. Er war wütend. „Ich weiß
schon allein, wie ich mit dieser Ilona reden
muss."

Marina wandte sich an ihre Freundin.
10 „Komm, wir gehen wieder. Dieser Super-
detektiv braucht keine Hilfe. Der macht
alles allein. Ich frage mich nur, warum
wir überhaupt herkommen sollten."

Diesmal war Jessica nicht ihrer
15 Meinung. „Nöö. Ich bleibe hier. Ich will
unbedingt hören, was Oskar sagt. Um was
wollen wir wetten, dass er sein Armband
nicht zurückbekommt?"

68

„Du hast recht. Wir bleiben hier. Ich setze ein Himbeereis darauf, dass Oskar das Armband nicht zurückkriegt." Marina grinste.

5   Fabio überlegte nicht lange. „Ich setze dagegen. Oskar löst den Fall."

Ja, er war ein echter Freund. Oskar warf Marina einen vernichtenden Blick zu. „Freu dich nicht zu früh. Ich krieg meine 10 Sachen zurück. Du wirst schon sehen." Entschlossen drückte er auf die Klingel.

Wieder einmal öffnete Ilonas kleine Schwester. „Ihr schon wieder", seufzte sie. Dann drehte sie sich um und brüllte in 15 den Flur: „Ilona, Besuch für dich! Ilooona!"

Diese Ilona war die richtige. An der Flurgarderobe hing sogar ihr hellblauer Anorak.

69

Bei Oskars Anblick wurde sie ganz blass. *„Was wollt ihr? Ihr seid hier bestimmt falsch."*

„Das glaube ich nicht." Oskar holte tief Luft. *„Du und dein Bruder Stefan, ihr habt mir etwas weggenommen. Vorgestern Abend war das, im Imbiss. Als Stefan meine Jacke anhatte, hat er meine Jackentaschen ausgeräumt."*

Ilona zögerte einen Moment, dann rief sie: *„Stefan, komm mal!"*

Zu Hause trug Stefan keine verspiegelte Sonnenbrille. Dennoch erkannte Oskar ihn sofort.

Ilona sagte nichts. Also wiederholte Oskar seine Worte: *„Ihr habt mich vorgestern bestohlen. Im Imbiss. Und ich bin hier, um meine Sachen wiederzuholen."*

Stefan grinste überheblich. „Ich weiß überhaupt nicht, was du von mir willst. Ich habe dich noch nie gesehen. Dein Geld hab ich nicht. Und das goldene Arm-

5 band schon überhaupt nicht. Was sollte ich damit wohl anfangen? Und jetzt auf Wiedersehen." Er versuchte die Tür zuzuschlagen.

Aber Fabio hatte geistesgegenwärtig

10 seinen Fuß dazwischengestellt.

„Aua!", beschwerte er sich, als die Tür dagegenknallte.

„*Nimm den Fuß doch weg, du Blöd-mann!*", schimpfte Stefan. „*Und jetzt haut ab, bevor ich meinen Vater hole.*" Er knallte die Tür zu, bevor Fabio seinen

5 Fuß wieder dazwischenstellen konnte.

Alles war aus. Vorbei. Das Armband war verloren. Oskar wünschte sich weit weg. Nach Amerika, oder besser noch auf den Mond. Dorthin, wo er seiner Mutter nicht

10 erklären musste, was mit ihrem Armband passiert war.

11. Eine überraschende Wende

Mit gesenktem Kopf schlich Oskar die
Treppe hinunter. Die anderen folgten.
Niemand sagte etwas. Selbst Marina war
so nett, sich nicht lautstark über ihr soeben
5 gewonnenes Himbeereis zu freuen.

Dann, ganz unerwartet, drehte Marina
um. Sie rannte zurück, stieß Oskar dabei
zur Seite und klingelte Sturm.

Stefan riss die Wohnungstür auf. *„Spinnt*
10 *ihr jetzt völlig? Wir haben die Sachen nicht*

und damit basta. Oder habt ihr einen
Zeugen?"

"Wir brauchen keinen Zeugen", sagte
Marina überfreundlich. "Du hast dich
5 nämlich gerade selbst verraten. Woher
weißt du, dass in der Jackentasche Geld
und ein goldenes Armband waren?"

Stefan errötete. "Das hat er doch selbst
gesagt." Er zeigte auf Oskar. Es klang ein
10 wenig unsicher.

"Hat er nicht. Er hat nur gesagt, dass ihr
etwas aus seiner Jacke genommen habt.
Etwas, und das kann alles Mögliche sein.
Also, her damit! Wir hätten gern ein
15 goldenes Armband und 24 Euro." Marina
streckte ihre Hand aus.

Man konnte deutlich sehen, dass Stefan
mit sich kämpfte. "Nöö, sehe ich gar nicht

ein. Der ist doch selbst schuld." Er sah
Oskar bitterböse an. „Warum wedelst du
vor unserer Nase mit den Scheinen rum?"

„Hey, ich hab gar nicht damit rumge-
5   wedelt! Ich hab es nur gezählt. Man hat
ja nicht alle Tage so viel Geld in der
Tasche. Meine Mutter hat es mir gegeben,
weil sie übers Wochenende weggefahren
ist. Ich sollte mir davon etwas zu essen
10   kaufen. Und jetzt musste ich zwei Tage
lang Schwarzbrot und Käse essen. –
Ich hasse Schwarzbrot", fügte er hinzu.

„Na und? Mein Vater ist arbeitslos und
wir sind fünf Kinder. Mir steckt keiner

75

Zehneuroscheine zu, damit ich zum Imbiss gehen kann."

„Und das Armband gehört meiner Mutter. Es ist ein Familienerbstück. Wenn

5 ich es nicht bis heute Abend zurückhabe, kriege ich den Ärger meines Lebens."

Aber das schien Stefan Möbius nicht zu beeindrucken. „Dann hättest du besser aufpassen müssen", sagte er gehässig.

10 Marina sah ihn an. „Du bist vielleicht gemein."

Stefan wurde rot.

Auf einmal stand Ilona neben ihrem Bruder. Sie überreichte Oskar 17 Euro

15 und das Armband. „Hier. Wir haben schon ein bisschen Geld ausgegeben."

„Bist du blöd?", schimpfte Stefan. „Die können uns doch gar nichts beweisen!"

Seine Schwester blieb ganz ruhig. „Es war sowieso nicht richtig. Das hab ich dir die ganze Zeit gesagt. Und das Mädchen hat recht. Es ist gemein." Sie sah Oskar

5 an. „Es tut mir leid. Wir dachten echt, dir kommt es auf ein paar Scheine nicht an. Komm jetzt, Stefan." Sie zog ihren Bruder in die Wohnung zurück und schloss langsam die Tür.

10 Oskar fiel ein Stein vom Herzen. Er musste die Größe eines Lastwagens

haben. „*Ich habe den Fall gelöst!*",
jubelte er. „*In sieben Stunden kommt
meine Mutter zurück und das Armband
ist wieder da!*"

5 Drei Augenpaare richteten sich auf
Oskar Nusspickel.

„*Wer hat den Fall gelöst?*", fragte
Jessica. Und es klang nicht besonders
freundlich.

10 Oskar räusperte sich. „*Na ja, also … wir,
wir haben den Fall zusammen gelöst.
Oder?*" Er sah Jessica an. „*Wir alle.*"

Die schüttelte langsam den Kopf und
wiederholte ihre Frage. „*Wer hat den Fall*
15 *gelöst?*"

Ein tiefer Seufzer entrang sich Oskars
Brust. „*Okay. Marina hat den Fall gelöst.
Wenn sie nicht so gut zugehört hätte …*"

78

Das reichte Jessica nicht. *„Ich habe die Adresse von Ilona Matzke besorgt. Über meine Cousine Katja."*

„Und ich habe das Klingelschild ent-
5 *deckt",* fiel Fabio ein. *„Du hast den Namen Möbius glatt überlesen."*

„Und ich?", fragte Oskar. *„War ich etwa nicht dabei?"*

Die anderen grinsten. Und dann sagte
10 Marina: *„Du hast dich beklauen lassen. Danke, Oskar. So hatten wir endlich mal wieder was zu ermitteln."*

Was sollte man dazu sagen? Am besten gar nichts. *„Hab schon verstanden. Okay,*
15 *ich war nicht in Form. Aber das lag nur daran, dass ich mich nicht ordentlich ernähren konnte. Mit Schwarzbrot und Käse funktioniert mein Gehirn nicht so gut."*

79

Oskar schaute auf das Geld in seiner
Hand. *„Aber weil ich soeben durch eure
Hilfe 17 Euro zurückbekommen habe,
gebe ich für alle ein Himbeereis aus."*

5 Als Katharina Nusspickel an diesem Abend
heimkam, schlief ihr Sohn tief und fest.
Das Armband lag auf dem Küchentisch.

„Das hat er natürlich vergessen", sagte
sie leise zu sich selbst. *„Egal. Ich kann es*
10 *morgen ja selbst zum Juwelier bringen.*
Hauptsache, er war brav."